CHOUETTE ZOOM

Grammaire Conjugaison

Catherine Stoltz

HATIER

COLLECTION
CHOUETTE

La phrase

 Une phrase veut dire quelque chose, elle a du sens.

- Une **phrase** commence par une **majuscule** et se termine par un **point**.

la majuscule → *Cathy marche dans la rue.* ← le point

- Dans un texte, l'ordre des phrases et les **signes de ponctuation** permettent de comprendre l'histoire.

La **virgule** pour une pause dans la phrase.

Devant la pâtisserie, Cathy s'arrête.

Cette vitrine, quelle merveille!

Ici, le **point d'exclamation** exprime l'admiration.

Comment résister?

Le **point d'interrogation** pour une question.

Elle voit des petits choux, les amandines, les tartelettes, les éclairs au chocolat...

Les **points de suspension** : on pourrait poursuivre.

Elle imagine chaque gâteau lui répondre,

« Goûte-moi : je suis le meilleur. »

Entre les **guillemets** : la parole ou la pensée d'un personnage.

1 - Coche les phrases qui ont un sens.

☐ Les abeilles fabriquent le miel.

☐ Dessine pour à donner maman.

☐ Tony s'est endormi.

☐ Regarde la pluie devenir comme !

☐ Il ne regarde jamais la télévision.

☐ C'est à ton tour de jouer.

☐ Quoi pique, il non ?

☐ Appelez vite les pompiers !

☐ As-tu pris tes clés ?

☐ Le bus était plein à craquer.

☐ Dans la mer, être je aussi.

☐ Bonne année à tous !

2 - Retrouve l'ordre des mots dans les phrases.

| de | mon | . | anniversaire | C'est | frère | l' |

....

| une | Tu | ligne | . | traces | droite |

....

3 - Barre le mot intrus dans chaque phrase.

- Le match tient vient de commencer.
- Un premier but est marqué placé.
- La pluie me se met à tomber.

- La l'arbitre siffle la mi-temps.
- Le soleil est a revenu.
- Quelle qui équipe a gagné ?

4 - Sépare et indique le nombre de mots pour chaque phrase.

Mon/grandfrèreestdanssachambre. ▶ .... mots

Pourquoinevienstupas ? ▶ .... mots

Sonmaillotdebainestrougeetbleu. ▶ .... mots

Iladespetitesoreillespointues. ▶ .... mots

5 - Sépare les phrases du texte. Ajoute la ponctuation en recopiant.

Au zoo, les visiteurs prennent leur billet le gardien veille sur les animaux une panthère noire se prélasse un groupe de singes s'amuse en attendant l'heure du repas.

....
....
....
....

6 - Retrouve l'ordre des phrases.

(1) Pour faire cuire du riz, il faut…

( ) Ajouter le riz quand l'eau bout.

( ) Laisser mijoter environ dix minutes.

( ) Faire chauffer de l'eau salée.

Le nom commun, le nom propre

- Un **nom** est un mot qui nomme :

  – une personne : *Ninon, le facteur*...

  – un animal : *l'ours, la coccinelle*...

  – une chose : *le jardin, la balançoire*...

  – un sentiment, une idée : *un secret, la douceur*...

- On fait la différence entre :

  – les **noms communs** : *fille, ville, pays*...

  qui commencent par une **lettre minuscule**.

  – les **noms propres** : *Manon, Paris, la France*...

  qui commencent par une **lettre majuscule**.

---

1 - **Barre les mots qui ne sont pas des noms.**

27

sortir – vache – avion – dévorer – ma – rapidement – Amina

arbre – cheval – finir – ordinateur – le – perdu – souvent

Noël – alors – lampe – couleur – avec – nez – journal

---

2 - **Donne un nom de sens général.**

4

tulipe – jonquille – muguet – rose – pâquerette   ▶ **les fleurs**

marteau – pince – scie – perceuse – tournevis   ▶ ....

chaise – table – canapé – lit – commode – armoire   ▶ ....

voilier – paquebot – barque – chalutier – kayak   ▶ ....

moineau – pigeon – mésange – rossignol – pie   ▶ ....

3 - Trouve des noms communs pour compléter les phrases.

- La .... attrape une ....
- Ce .... ressemble à un ....
- Tu trouveras trois .... sur le ....

6

4 - Entoure les noms propres. Recopie-les avec une majuscule.

fée – carabosse   chine – pays   musicien – mozart   voiture – renault

garçon – paul   chien – milou   julie – prénom   marseille – ville

....

....

....

8

5 - Recopie et classe les mots soulignés.

Axelle range ses affaires dans une valise. Demain, elle part en Espagne.
Elle prend sa poupée Ella avec tous ses habits. Mais où est sa girafe ?
La voici à côté de Coco, son ours. Surtout, ne pas oublier Michou,
sa peluche adorée !

noms communs	noms propres
....	....
....	....
....	....

10

6 - Trouve un nom propre pour compléter les phrases.

- .... est une grande ville.
- Sa petite sœur s'appelle ....
- .... est un personnage de conte.
- J'aimerais bien visiter ....

4

Le groupe du nom

On peut trouver avec le nom :

- un **déterminant** : un petit mot placé **devant** le nom.

  un ami   du chocolat   ce melon

- un **adjectif qualificatif** qui donne des renseignements sur le nom :

  un ami fidèle   du chocolat noir   ce beau melon

À savoir : on trouve l'adjectif avant ou après le nom qu'il qualifie.

- un autre **nom** :

  l'ami de Félix   le chien de la ferme

Le nom et les mots qui l'accompagnent forment le **groupe du nom (GN)**.

---

1 - Écris un déterminant pour chaque nom.

16

.... homme	.... boule	.... roi	.... étoile
.... voisine	.... cheval	.... miroir	.... feu
.... train	.... café	.... princesse	.... fleur
.... place	.... arc-en-ciel	.... lutin	.... cadeau

---

2 - Place les déterminants dans les phrases.

6

(le – trois)   ▶ .... spectacle commence à .... heures.

(un – les)   ▶ .... chevaux galopent dans .... pré.

(des – ton)   ▶ Il y a .... paillettes sur .... pantalon.

(notre – du)   ▶ .... canapé est recouvert avec .... tissu.

(mon – au)   ▶ .... frère a préparé un gâteau .... chocolat.

(la – l' – du)   ▶ .... place .... marché se trouve près de .... église.

3 - Entoure le nom dans les groupes.

une (bouteille) pleine   des fruits rouges   du poivre gris

un clown blanc   un dangereux dinosaure   mon meilleur ami

le monstre horrible   un joli sac   de longues heures

8

4 - Trouve un adjectif pour compléter les noms.

un livre ....   de la crème ....

une .... dame   un drapeau ....

un .... cochon   une .... maison

6

5 - Relie pour former les groupes.

des gants •   • de pétanque   une machine •   • à écrire

la niche •   • de boxe   une glace •   • à sauter

le traîneau •   • du chien   une corde •   • à dents

une boule •   • d'allumettes   une brosse •   • à la vanille

une boîte •   • du Père Noël   un sac •   • à dos

10

6 - Écris les groupes dans les phrases.

ton classeur vert – de la sauce tomate – huit bougies – la médaille d'or

• Il s'entraîne tous les jours pour gagner ....

• Je reprendrais avec plaisir des spaghettis avec ....

• Maman met .... sur le gâteau de Lucas.

• Range ce document dans ....

4

7 - Trouve un groupe pour compléter les phrases.

• .... descend la piste rouge.

• La petite larve se transforme en ....

• .... aime beaucoup se déguiser.

• Les applaudissements du public récompensent ....

4

Masculin et féminin

 On classe les noms selon leur genre.

- Les **noms masculins** :

le ballon, un garçon, un joueur...

On peut mettre **un** ou **le** devant les **noms masculins**.

- Les **noms féminins** :

la balle, une fille, une joueuse...

On peut mettre **une** ou **la** devant les **noms féminins**.

À savoir :

On met souvent un **e** à la fin des noms au féminin.
Dans le groupe du nom, l'adjectif s'accorde aussi selon le genre.

un petit cousin   *le vent violent*

une petite cousine   *la tempête violente*

---

1 - Note : F pour féminin, M pour masculin.

☐ ta poupée	☐ le journal	☐ le chef	☐ leur maman
☐ un bonnet	☐ une piste	☐ la Terre	☐ un éclair
☐ une manette	☐ la farine	☐ son cartable	☐ notre maison

12

---

2 - Trouve un autre déterminant.

l'ascenseur   l'étoile   l'oreille   l'école

▶ **un** ascenseur   ▶ .... étoile   ▶ .... oreille   ▶ .... école

l'escargot   l'abricot   l'idée   l'ours

▶ .... escargot   ▶ .... abricot   ▶ .... idée   ▶ .... ours

7

3 - Écris le bon déterminant puis relie.

un ou une ?		le, la ou l' ?	
une sœur •	• .... fils	.... lionne •	• .... canard
.... femme •	• .... tante	.... taureau •	• .... lion
.... père •	• .... mère	.... cane •	• .... vache
.... fille •	• **un** frère	.... jument •	• .... éléphant
.... cousine •	• .... mari	.... mouton •	• .... brebis
.... oncle •	• .... cousin	.... éléphante •	• .... cheval

11

4 - Range les noms dans le tableau.

serviette – stylo – jeu – ville – ampoule – fusée – infirmière – bandeau

noms masculins	noms féminins
....	....
....	....
....	....

8

5 - Complète.

ma cousine	▶ mon **cousin**	un gamin	▶ une ....
la mariée	▶ le	un Anglais	▶ une ....
une amie	▶ un	le voisin	▶ la ....
une inconnue	▶ un	le marchand	▶ la ....

7

6 - Observe le dessin et trouve les noms demandés.

- Trois noms masculins :
....
....
....

- Trois noms féminins :
....
....
....

6

Singulier et pluriel

 Les noms s'accordent selon le nombre qu'ils indiquent.

- Si le nom désigne **une seule chose**, il est au **singulier** :

$$un \ aigle \quad la \ main \quad son \ journal$$

- Si le nom désigne **plusieurs choses**, il est au **pluriel** :

$$des \ aigles \quad les \ mains \quad ses \ journaux$$

À savoir :

En général, les noms sont marqués d'un **s** ou d'un **x** au pluriel.

Dans le groupe du nom, l'adjectif s'accorde aussi selon le nombre :

$$mon \ beau \ sapin \rightarrow mes \ beaux \ sapins$$
$$ce \ petit \ conseil \rightarrow ces \ petits \ conseils$$

---

1 - **Entoure ce qui est illustré.**

une étoile		le lampion		ma copine	
des étoiles		les lampions		mes copines	

un bijou		son gant		le château	
des bijoux		ses gants		les châteaux	

---

2 - **Relie.**

un carnet •   • la piscine

ses doigts •   • vos parents

des oiseaux •   • pluriel •   • le clavier

ton téléphone •   • singulier •   • une douche

des boutons •   • ma chambre

l'œil •   • leurs cheveux

3 - Complète avec un déterminant qui convient.

.... paquets   .... plumes   .... bateaux   .... clous

.... orange   .... chanson   .... escalier   .... pirates

.... chaussons   .... aventures   .... bal   .... gâteaux

4 - Entoure le déterminant qui convient.

sa – ses peluches   votre – vos clefs   notre – nos plans

ton – tes sourire   mon – mes club   ce – ces parfums

mon – nos travaux   l' – les endives   du – des coton

5 - Complète avec un nom de ton choix.

la........................   un ....   ses ....   le ....

des ....   l'........................   ma........................   cette ....

6 - Écris au pluriel.

avec s	une saucisse	l'instrument	la place	ma couette
	....	....	....	....
avec x	l'oiseau	ma peau	ton œil	le caillou
	....	....	....	....

7 - Observe le dessin et trouve les noms demandés.

• Trois noms au singulier : ....

....

....

• Trois noms au pluriel : ....

....

....

Le verbe

→ Les mots qui expriment ce que font ou ce que sont les personnages sont des **verbes**.

Jules se dépêche : il court. Mais il arrive trop tard. Son bus est déjà loin.

• On désigne un verbe par son **infinitif**.

Jules court. → verbe **courir**   *Il arrive.* → verbe **arriver**

Il se dépêche. → verbe **se dépêcher**   *Le bus est loin.* → verbe **être**

• Dans la phrase, le verbe **se conjugue** : sa **terminaison** change,

– selon la **personne** :

Lilia dessine.   *Vous dessinez.*   *Ils dessinent*

– selon le **temps** :

L'avion décolle.   *L'avion a décollé.*   *L'avion décollera.*
(présent)   (passé composé)   (futur)

---

1 - Coche les verbes.

20

- ☐ près
- ☐ la maison
- ☐ chercher
- ☐ finir

- ☐ avec
- ☐ partir
- ☐ monter
- ☐ Cécile

- ☐ écrire
- ☐ demain
- ☐ seulement
- ☐ le rose

- ☐ se laver
- ☐ trois
- ☐ la voiture
- ☐ penser

- ☐ boire
- ☐ s'asseoir
- ☐ conduire
- ☐ un flocon

---

2 - Entoure le verbe dans chaque phrase.

6

- Louis écoute un disque.
- Maman éteint la lumière.
- Je mélange la salade.

- Nous préparons nos affaires.
- Tu lis un roman.
- Les côtelettes grillent.

3 - Complète les phrases avec le bon verbe.

avons – montent – sais – rougissent – prépare – venez

- Le boulanger .... la pâte à pain.
- Je .... que vous .... de loin.
- Nous .... chaud dans nos doudounes.
- Les tomates .... au soleil.
- Les fourmis .... en colonne le long du tronc.

6

4 - Relie.

Tu **finis** ta part. •   Nous **arrivons** vite. •

Nous **avions** soif. •   Je **suis** malade. •

Il **vient** bientôt. •   • verbe **avoir**   Ils **vont** au cinéma. •   • verbe **être**

Vous **finirez**. •   • verbe **finir**   Vous **allez** bien ? •   • verbe **aller**

J'**ai** dix ans. •   • verbe **venir**   Tu n'y **arrives** pas. •   • verbe **arriver**

Ils **viennent** aussi. •   Nous **sommes** là. •

Elles **ont** raison. •   Elle **va** dehors. •

14

5 - Écris l'infinitif du verbe conjugué.

La grue **soulève** la charge.   Elle **gagnera** sûrement la médaille.
▶ **verbe soulever**   ▶ verbe ....

Le fauve **bondit** sur sa proie.   Nous **invitons** nos voisins.
▶ verbe ....   ▶ verbe ....

Tout ce qui **brille** n'est pas en or.   Vous **partirez** de bonne heure.
▶ verbe ....   ▶ verbe ....

5

6 - Trouve les verbes de ce texte.

Le Petit Chaperon Rouge .... une galette et du beurre à sa grand-mère.

Elle .... le loup dans la forêt.

Le loup .... un autre chemin et .... plus vite.

Le grand méchant loup .... à la porte…

5

Le sujet du verbe

 Dans la phrase, le **sujet** est l'acteur, celui qui est ou qui agit.

Une étoile filante passe dans la nuit.

→ Une étoile filante est le sujet du verbe passer.

- On trouve **le sujet du verbe** :
  – en utilisant l'expression : c'est qui...

C'est une étoile filante qui passe dans la nuit.

  – en posant la question : qui ? qu'est-ce qui ?

Qu'est-ce qui passe dans la nuit ?

- Le sujet d'un verbe peut être :

  – un nom : *La reine était jalouse.*

  – un groupe du nom :

La belle-mère de Blanche-Neige était jalouse.

  – un pronom : *Elle était jalouse.*

À savoir : le verbe s'accorde toujours avec son sujet.

Il avance à tâtons.   *Nous avançons à tâtons.*

---

 1 - Réponds à la question pour trouver le sujet du verbe.

- Charlotte croque une carotte crue.
  Qui est-ce qui croque une carotte crue ? ....

- La pile est usée.
  Qu'est-ce qui est usé ? ....

- La Belle au bois dormant sommeille dans le château.
  Qui est-ce qui sommeille dans le château ? ....

- Tu es d'accord avec moi.
  Qui est-ce qui est d'accord avec moi ? ....

CORRIGÉS à détacher

LA PHRASE
page 2

1 Les abeilles fabriquent le miel. Tony s'est endormi. Il ne regarde jamais la télévision. C'est à ton tour de jouer. Appelez vite les pompiers ! As-tu pris tes clés ? Le bus était plein à craquer. Bonne année à tous !

2 C'est l'anniversaire de mon frère. Tu traces une ligne droite.

3 Le match ~~tient~~ vient de commencer. Un premier but est marqué ~~placé~~. La pluie ~~me~~ se met à tomber. ~~La~~ l'arbitre siffle la mi-temps. Le soleil est ~~a~~ revenu. Quelle ~~qui~~ équipe a gagné ?

4 Mon\grand\frère\est\dans\sa \chambre. → 7 mots
Pourquoi\ne\viens\tu\pas ? → 5 mots
Son\maillot\de\bain\est\ rouge\et\bleu. → 8 mots
Il\a\des\petites\oreilles\ pointues. → 6 mots

5 Au zoo, les visiteurs prennent leur billet. Le gardien veille sur les animaux. Une panthère noire se prélasse. Un groupe de singes s'amuse en attendant l'heure du repas.

6 ① Pour faire cuire du riz, il faut…
② Faire chauffer de l'eau salée.
③ Ajouter le riz quand l'eau bout.
④ Laisser mijoter environ dix minutes.

LE NOM COMMUN, LE NOM PROPRE
page 4

1 **Tu dois barrer** : sortir – dévorer – ma – rapidement – finir – le – perdu – souvent – alors – avec

2 fleurs – outils – meubles – bateaux – oiseaux

3 **À titre d'exemples** : La grenouille attrape une libellule. – Ce personnage ressemble à un clown. – Tu trouveras trois pinceaux sur le bureau.

4 Carabosse – Paul – Chine – Milou – Mozart – Julie – Renault – Marseille

5 **Noms communs** : valise – poupée – habits – girafe – peluche
Noms propres : Axelle – Espagne – Ella – Coco – Michou

6 **À titre d'exemples** : Paris est une grande ville. – Sa petite sœur s'appelle Elodie. – Cendrillon est un personnage de conte. – J'aimerais bien visiter le Portugal.

LE GROUPE DU NOM
page 6

1 **À titre d'exemples** : un homme – la voisine – ce train – la place – une boule – un cheval – du café – un arc-en-ciel – le roi – son miroir – cette princesse – le lutin – l'étoile – du feu – ma fleur – ton cadeau.

2 Le spectacle commence à trois heures. Les chevaux galopent dans un pré. Il y a des paillettes sur ton pantalon. Notre canapé est recouvert avec du tissu. Mon frère a préparé un gâteau au chocolat. La place du marché se trouve près de l'église.

3 une bouteille pleine
un clown blanc
le monstre horrible
des fruits rouges
un dangereux dinosaure
un joli sac
du poivre gris
mon meilleur ami
de longues heures

4 **À titre d'exemples** : un livre intéressant – une charmante dame – un gros cochon – de la crème pâtissière – un drapeau multicolore – une immense maison.

5 des gants de boxe – la niche du chien – le traîneau du Père Noël – une boule de pétanque – une boîte d'allumettes – une machine à écrire – une glace à la vanille – une corde à sauter – une brosse à dents – un sac à dos

6 Il s'entraîne tous les jours pour gagner la médaille d'or. – Je reprendrais avec plaisir des spaghettis avec de la sauce tomate. – Maman met huit bougies sur le gâteau de Lucas. – Range ce document dans ton classeur vert.

7 **À titre d'exemples** : Le skieur descend la piste rouge. – La petite larve se transforme en un magnifique papillon. – Ce jeune garçon aime beaucoup se déguiser. – Les applaudissements du public récompensent les artistes.

MASCULIN ET FÉMININ
page 8

1 (F) ta poupée – (M) un bonnet – (F) une manette – (M) le journal – (F) une piste – (F) la farine – (M) le chef – (F) la Terre – (M) son cartable – (F) leur maman – (M) un éclair – (F) notre maison

2 À titre d'exemples : un ascenseur – cette étoile – ton oreille – mon école – un escargot – un abricot – votre idée – cet ours.

3 une sœur / un frère – une femme / un mari – un père / une mère – une fille / un fils – une cousine / un cousin – un oncle / une tante – la lionne / le lion – le taureau / la vache – la cane / le canard – la jument / le cheval – le mouton / la brebis – l'éléphante / l'éléphant

4 **Noms masculins** : stylo – jeu – bandeau.
Noms féminins : serviette – ville – ampoule – fusée – infirmière.

5 mon cousin – le marié – un ami – un inconnu – une gamine – une Anglaise – la voisine – la marchande

6 À titre d'exemples.
Trois noms masculins : un cahier, un feutre, un crayon.
Trois noms féminins : une règle, une trousse, une gomme.

SINGULIER ET PLURIEL
page 10

1 une étoile – des bijoux – les lampions – ses gants – ma copine – le château

2 **Pluriel** : ses doigts – vos parents – des oiseaux – des boutons – leurs cheveux.
Singulier : un carnet – la piscine – le clavier – ton téléphone – une douche – ma chambre – l'œil.

3 À titre d'exemples : des paquets – l'orange – mes chaussons – ces plumes – la chanson – leurs aventures – des bateaux – un escalier – ce bal – trois clous – les pirates – vos gâteaux.

4 sa/ ses peluches
ton /tes sourire
mon/ nos travaux
votre/ vos clefs
mon /mes club
l'/ les endives
notre/ nos plans
ce/ ces parfums
du /des coton

5 À titre d'exemples : la fille – des billes – un lapin – l'asticot – ses affaires – ma jupe – le parfum – cette abeille.

6 **Avec s** : des saucisses – les instruments – les places – mes couettes.
Avec x : les oiseaux – mes peaux – tes yeux – les cailloux.

7 A titre d'exemples.
Trois noms au singulier : un panier, un concombre, un pain.
Trois noms au pluriel : des bananes, des cerises, des tomates.

LE VERBE
page 12

1 chercher – finir – partir – monter – écrire – se laver – penser – boire – s'asseoir – conduire

2 Louis écoute un disque.
Maman éteint la lumière.
Je mélange la salade.
Nous préparons nos affaires.
Tu lis un roman.
Les côtelettes grillent .

3 Le boulanger prépare la pâte à pain. – Je sais que vous venez de loin. – Nous avons chaud dans nos doudounes. – Les tomates rougissent au soleil. – Les fourmis montent en colonne le long du tronc.

4 **verbe avoir** : Nous avions soif. J'ai dix ans. Elles ont raison.
verbe finir : Tu finis ta part. Vous finirez.

verbe venir : Il vient bientôt. Ils viennent aussi.
verbe être : Je suis malade. Nous sommes là.
verbe aller : Ils vont au cinéma. Vous allez bien ? Elle va dehors.
verbe arriver : Nous arrivons vite. Tu n'y arrives pas.

5 soulever – bondir – briller – gagner – inviter – partir

6 À titre d'exemples : Le Petit Chaperon Rouge apporte une galette et du beurre à sa grand-mère. Elle rencontre le loup dans la forêt. Le loup prend un autre chemin et va plus vite . Le grand méchant loup frappe à la porte…

LE SUJET DU VERBE
page 14

1 Charlotte – la pile – la Belle au bois dormant – tu

2 Le vent souffle fort.
Emma marche sur la plage.
Les enfants se taquinent.
Ton vélo est dans le garage.
Nous partageons la tarte.
C'est vous qui choisissez.

3 Elle ne fonctionne plus. – Il va chercher le pain. – Ils grignotent les graines. – Elles clignotent.

4 Dans quelques années, nous irons au collège. – Est-ce que vous avez pensé à la remercier ? – Vraiment, elles exagèrent ! – Tu as peur des fantômes. – Je vais chez le coiffeur.

5 Papa vide la poubelle – Le chat fait sa toilette. – Les puces piquent la peau. – Le roi est assis sur le trône. – Les épices donnent du goût.

6 Elle est en vacances. – Vous êtes en vacances. – Elles sont en vacances. – Les enfants rentrent au chaud. – Nous rentrons au chaud. – Je rentre au chaud.

LE LIEU ET LE TEMPS
page 16

1 Les patineurs s'élancent sur la glace. – La reine se regarde dans la glace. – La lune luit pendant la nuit. Le soleil brille le jour. – Les élèves dessinent à l'école. – Le bus se dirige vers l'école. – L'électricité passe dans les fils. – L'acrobate marche sur le fil.

2 (L) L'auto se gare au parking. (T) Demain matin, j'irai à la piscine. (L) Elle est cachée dans une grotte. (T) Nous reviendrons l'an prochain. (T) La photo est née au 19ᵉ siècle. (L) Derrière chez moi, il y a un bois.

3 Mets-toi vite à l'abri sous mon parapluie. Au fond de l'océan, on trouve du corail et des poissons exotiques. Le marchand de journaux se trouve à côté de la station de métro.

4 À titre d'exemples :
a – La souris se réfugie dans son trou.
b – Le trésor est caché dans le coffre.
c – La fusée se dirige vers la Lune.

5 Les grands-parents viendront dimanche prochain. – Avant d'éteindre la lumière, je te raconterai une histoire. – En ce moment, le directeur est occupé.

6 après-demain – hier – en ce moment

7 En ce moment, Bébé dort profondément. – On construisait des châteaux forts au Moyen Âge. – Dans le futur, on ira peut-être en vacances sur Mars.

PRÉSENT, PASSÉ, FUTUR
page 18

1 **Passé** : Samedi, Benjamin ne voulait pas sortir. – Manon et Louis regardaient la télévision. – Je n'ai pas du tout aimé ce concert.
Présent : Ils ramassent des champignons. – Ouvrez la porte !
Futur : Tout à l'heure, tu devras poster la lettre.

2 Maman a perdu ses clefs. Elle appelle le serrurier. Il arrivera dans quelques minutes. – Nos voisins ont déménagé. Leur maison est vide. De nouveaux habitants l'occuperont bientôt.

3 **Tu dois barrer** : Hier soir, tu dormiras chez nous. – Hier, j'irai à la piscine. – La neige est tombée demain matin. – Vous êtes venus l'été prochain. – Quand il fait beau, elles sortiront. – Dans un instant, la cloche sonna.

4 Actuellement, vous dégustez – dégusterez une bonne tarte aux pommes. – Autrefois, les dinosaures existeront – existaient sur terre. L'année dernière, Romain n'a pas remporté – ne remporte pas la coupe. – Quand le chat n'est pas là, les souris danseront – dansent. – En ce moment, nous apprenions – apprenons les tables de multiplication. – L'année prochaine, tu étais – seras collégien.

5 **Tu dois barrer** : il portera – je fais – tu écris – nous avons rêvé – vous aimez – j'attendais

6 **Passé** : On avait tort. Tu toussais. Elle a déjà dîné.
Présent : J'ai huit ans. L'heure tourne. Veux-tu du lait ?
Futur : Vous reviendrez. Ils verront bien. Je serai là.

LES PRONOMS
page 20

1 elles sautent – ils roulent – elle se fane – il arrive

2 Elle est en cuir. – Il te va bien. – Elles sont cuites. – Elle fait du judo. – Ils jouent aux échecs.

3 À titre d'exemples :
féminin – singulier :
elle – la patineuse
masculin – singulier :
il – un chat
féminin – pluriel :
elles – des clientes
masculin – pluriel :
ils – des élèves

4 La Belle au bois dormant sommeille : elle se réveillera dans cent ans. – C'est ton dessin : tu l'as parfaitement réussi ! – Regardez ces hirondelles, elles annoncent le printemps. – Sois tranquille, je (il ou elle) veille sur toi. – Vincent et Aurore, vous vous placerez ici. – Comme ils sont mignons ces petits chatons !

5 je signe – nous signons – tu signes – elles signent – vous blaguez – tu blagues – elle blague – nous blaguons – ils choisissent – nous choisissons – elle choisit – vous choisissez

6 Nous dansons. Il, elle ou on vient. Tu dessines. Vous lavez. Je (il, elle) danse. Vous venez. Elles dessinent. Elle (il ou je) lave. Vous dansez. Ils ou elles viennent. Nous dessinons. Tu laves.

7 Je vais chez le coiffeur pour me faire couper mes cheveux. – Ces nouvelles baskets me vont très bien. – Elle va où son cœur la mène. – Nous allons régulièrement au cinéma.

LE PRÉSENT

page 22

1 Ils se disputent parfois. – La nuit, les chats miaulaient. – Nous filmons le spectacle. – Demain, vous téléphonerez. – Nous bronzons au soleil. – Vous avertissez les pompiers. – L'image s'affiche sur l'écran. – Yann se déguise en pirate.

2 Elle signe – ~~signent~~ le contrat. – Nous finissons – ~~finissont~~ nos devoirs. – Vous interdisez – ~~interdisent~~ l'accès. – Léo et Camille ~~aime~~ – aiment ce film. – Tu arroses – ~~arrose~~ les plantations. – Julie partage – ~~partagent~~ les friandises. – Je ~~jardines~~ – jardine avec mon père. Nourris – ~~Nourrit~~-tu les oiseaux ?

3 Le chien aboie sans arrêt. – Tu cherches son numéro de téléphone. – Je m'entraîne à la course le week-end. – Vous salissez la moquette. – Les enfants réussissent le test. – Nous atterrissons dans de bonnes conditions.

4 À titre d'exemples : Les spectateurs se bousculent en entrant dans le stade. – Elle choisit le lieu de la rencontre. – Carmen et toi mangez toujours avant le match. – Nous jouons à dix heures. – Tu écoutes les conseils de l'entraîneur.

5 La grosse horloge sonne quatre heures. – Les fleurs embellissent le jardin. – Je regarde le soleil couchant. – Vous remplissez les bouteilles. – Visites-tu la ville ? – Les bulldozers démolissent la maison.

6 nous écoutons – ils collent – vous finissez – je monte – elle bondit – nous choisissons – tu oublies – ils voyagent

LE PASSÉ COMPOSÉ

page 24

1 **Tu dois cocher :** Les maçons ont fait du ciment. Il a freiné brusquement. Tu as commandé une console de jeux. Il est arrivé en retard.

2 j'ai parlé – j'ai cherché – j'ai sauté – j'ai compté – j'ai fini – j'ai blanchi – j'ai ralenti – j'ai menti

3 Il a trahi son secret. – J'ai apporté une surprise. – Tu as gardé ces timbres pour sa collection. – Vous avez fait vos achats de Noël. – Elles ont capturé les bandits. – Nous avons dîné au restaurant.

4 Nous avons joué ensemble au basket-ball. – J'ai préparé de temps en temps le repas. – Vous avez hésité longtemps avant de vous décider. Tu as réuni tous tes amis pour tes huit ans.

5 Le vendeur a fermé la boutique. – J'ai choisi une pizza. – Vous avez acheté des tickets. – Tu as ramassé des coquillages. – Les grêlons ont cassé les vitres.

6 Vous êtes venus me chercher. – Je suis entré dans le potager. – Tu es tombé de fatigue. – Les touristes sont arrivés. – Nous sommes descendus à la cave. – Il est sorti de l'œuf.

7 Maman a rentré le linge. – Tu es rentré tard. – Ils sont descendus du bus – Nous avons descendu les poubelles. – J'ai sorti la voiture du garage. – La voiture est sortie du garage. – Elle est passée devant moi. – Les coureurs ont passé le test.

LE FUTUR

page 26

1 Nous bavarderons avec les étrangers. (F) – Ils se cachent dans une grotte. (P) – Vous ne marcherez pas sur la pelouse. (F) – Je n'aime pas les roses. (P) – Demain, je finirai mon puzzle. (F) – Ils visiteront le musée Picasso. (F) – Pourquoi ne choisit-il pas ce livre ? (P) – – Le téléphone sonne sans arrêt. (P)

2 Je démolirai cet ancien hangar. Nous marcherons lentement. Il enfournera le pain. Elles distribueront les cartes. Tu réuniras tous les documents. Vous préparerez vos affaires.

3 Vous dormirez dans un sac de couchage. – À l'anniversaire de ma sœur, je me déguiserai. – Les guirlandes brilleront de mille feux. – Tu me conduiras à l'école en voiture. Nous sentirons la bonne odeur.

4 il s'endormira – je croiserai – ils passeront – vous servirez – tu salueras – nous donnerons – elle étudiera – tu te reposeras – je rangerai – vous oserez – je finirai – tu chanteras – vous sortirez – ils salueront – nous servirons

5 Je tracerai une ligne. – Je discuterai avec mes voisins. – Tu soulèveras les cartons. Nous partagerons cette somme. – Vous guérirez rapidement. – Ils parleront l'anglais. – Elle bondira de joie.

6 Vous savourerez cette bonne tarte aux fraises. – Ils lanceront des fléchettes sur la cible. Il se nourrira de fruits. – Tu t'évanouiras devant cette horrible créature. – Pourquoi ne finiront-ils pas leur dessert ? Après la pluie, nous ramasserons les escargots. Nous chanterons pour la Fête de la musique.

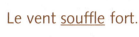

2 - Entoure le sujet du verbe souligné.

Le vent <u>souffle</u> fort.

Emma <u>marche</u> sur la plage.

Les enfants <u>se taquinent</u>.

Ton vélo <u>est</u> dans le garage.

Nous <u>partageons</u> la tarte.

C'est vous qui <u>choisissez</u>.

/6

3 - Remplace le sujet souligné par : il ou elle, ils ou elles.

<u>La télécommande</u> ne fonctionne plus.

▶ **Elle** ne fonctionne plus.

<u>Petit-Pierre</u> va chercher le pain.

▶ ....

<u>Les écureuils</u> grignotent les graines.

▶ ....

<u>Les petites lumières</u> clignotent.

▶ ....

/3

4 - Choisis le pronom qui convient.

| je | – | nous | ▶ Dans quelques années, ... irons au collège.

| tu | – | vous | ▶ Est-ce que .... avez pensé à la remercier ?

| il | – | elles | ▶ Vraiment, ... exagèrent !

| tu | – | ils | ▶ .... as peur des fantômes.

| je | – | elle | ▶ .... vais chez le coiffeur.

/5

5 - Transforme selon l'exemple.

C'est papa qui vide la poubelle.

C'est le chat qui fait sa toilette.

Ce sont les puces qui piquent la peau.

C'est le roi qui est assis sur le trône.

Ce sont les épices qui donnent du goût.

▶ **Papa vide la poubelle.**

▶ ....

▶ ....

▶ ....

▶ ....

/4

6 - Relie.

Elle •   • êtes en vacances.

Vous •   • sont en vacances.

Elles •   • est en vacances.

Les enfants •   • rentrons au chaud.

Nous •   • rentre au chaud.

Je •   • rentrent au chaud.

/6

Le lieu et le temps

 Dans une phrase, des groupes de mots peuvent donner des renseignements supplémentaires.

• Où se passe l'histoire ? À quel endroit ? Dans quel lieu ?

Le moineau se perche sur le fil.

Dans le buisson, un matou le guette.

On utilise des mots qui situent **l'endroit où** :

sur, sous, dans, devant, derrière, près de, loin de...

• Quand se passe l'histoire ? À quel moment ?

Au début du printemps, les moineaux font leur nid.

On utilise des mots qui précisent **le moment**, **quand** : *autrefois,*

l'an dernier, hier, maintenant, aujourd'hui, plus tard...

---

1 – Relie pour préciser l'endroit ou le moment.

Les patineurs s'élancent •   • dans la glace.
La reine se regarde •   • sur la glace.
La lune luit •   • le jour.
Le soleil brille •   • pendant la nuit.
Les élèves dessinent •   • à l'école.
Le bus se dirige •   • vers l'école.
L'électricité passe •   • sur le fil.
L'acrobate marche •   • dans les fils.

$\frac{}{8}$

---

2 – Note T si le groupe de mots indique le temps, L s'il indique le lieu.

$\frac{}{6}$

☐ L'auto se gare **au parking**.	☐ Nous reviendrons **l'an prochain**.
☐ **Demain matin**, j'irai à la piscine.	☐ La photo est née **au 19e siècle**.
☐ Elle est cachée **dans une grotte**.	☐ **Derrière chez moi**, il y a un bois.

3 - Entoure les mots qui indiquent le lieu dans chaque phrase.

- Mets-toi vite à l'abri sous mon parapluie.
- Au fond de l'océan, on trouve du corail et des poissons exotiques.
- Le marchand de journaux se trouve à côté de la station de métro.

3

4 - Observe les dessins. Indique l'endroit pour chaque phrase.

a. La souris se réfugie ....

b. Le trésor est caché ....

c. La fusée se dirige ....

3

5 - Souligne le groupe de mots qui indique le moment.

- Les grands-parents viendront dimanche prochain.
- Avant d'éteindre la lumière, je te raconterai une histoire.
- En ce moment, le directeur est occupé.

3

6 - Barre l'intrus de chaque ligne.

- aujourd'hui – à cet instant – dans l'immédiat – maintenant – après-demain
- plus tard – après – dans un an – hier – demain – à l'avenir – dans dix minutes
- en ce moment – hier – avant – autrefois – l'année dernière – il y a longtemps

3

7 - Place les groupes de mots dans les phrases.

au Moyen Âge – Dans le futur – En ce moment

- ...., Bébé dort profondément.
- On construisait des châteaux forts ....
- ...., on ira peut-être en vacances sur Mars.

3

Présent, passé, futur

Selon le moment où se passe l'histoire,
le verbe se conjugue :

- Au **présent** : ce qui se passe **maintenant**.

  En ce moment, je range mes jouets.

- Au **passé** : ce qui s'est passé **avant** le moment présent.

  Ce matin, j'ai rangé mes habits.

- Au **futur** : ce qui se passera **après** le moment présent.

  Tout à l'heure, je rangerai mon cartable.

1 - Relie.

Ils ramassent des champignons. •

Samedi, Benjamin ne voulait pas sortir. •

Manon et Louis regardaient la télévision. •   • passé

Tout à l'heure, tu devras poster la lettre. •   • présent

Ouvrez la porte ! •   • futur

Je n'ai pas du tout aimé ce concert. •

2 - Recopie chaque petite histoire dans l'ordre.

- Il arrivera dans quelques minutes. Elle appelle le serrurier. Maman a perdu ses clefs.

  ....

  ....

- De nouveaux habitants l'occuperont bientôt. Nos voisins ont déménagé.
  Leur maison est vide.

  ....

  ....

3 - Barre les phrases dont le verbe est mal conjugué.

72

- Jadis, il y avait des loups en forêt.
- Hier soir, tu dormiras chez nous.
- Hier, j'irai à la piscine.
- Aujourd'hui, elle a eu huit ans.
- La neige est tombée demain matin.
- Vous êtes venus l'été prochain.

- Je rentre immédiatement à la maison.
- N'as-tu pas rendez-vous à dix heures ?
- Tout à l'heure, je réparerai mon vélo.
- Quand il fait beau, elles sortiront.
- Dans un instant, la cloche sonna.
- Alors, ils arrivèrent à bon port.

4 - Entoure le verbe correctement conjugué.

6

- Actuellement, vous **dégustez** – **dégusterez** une bonne tarte aux pommes.
- Autrefois, les dinosaures **existeront** – **existaient** sur terre.
- L'année dernière, Romain n'**a** pas **remporté** – **ne remporte pas** la coupe.
- Quand le chat n'est pas là, les souris **danseront** – **dansent**.
- En ce moment, nous **apprenions** – **apprenons** les tables de multiplication.
- L'année prochaine, tu **étais** – **seras** collégien.

5 - Dans chaque ligne, barre le verbe qui n'est pas conjugué au même temps que les autres.

6

- il conduit – il cherche – il tient – il danse – il portera – il commence
- je mangeais – je partais – je jouais – je fais – je réfléchissais – je coloriais
- tu as bu – tu as pris – tu écris – tu as mélangé – tu es venu – tu as creusé
- nous avons rêvé – nous sommes – nous rions – nous donnons – nous allons
- vous rougirez – vous marcherez – vous aimez – vous ferez – vous aurez
- je perdrai – je croirai – je trouverai – j'attendais – je voyagerai – je lirai

6 - Classe dans le tableau.

9

J'ai huit ans. Vous reviendrez. On avait tort. Ils verront bien. Je serai là.
Tu toussais. L'heure tourne. Veux-tu du lait ? Elle a déjà dîné.

passé	présent	futur

Les pronoms

• **Dans une phrase, on peut remplacer les noms par des pronoms :
il ou elle, ils ou elles.**

Le Petit Poucet sème des cailloux : il retrouvera son chemin.

→ *Le Petit Poucet = il*

Tes sculptures sont magnifiques : elles méritent d'être exposées.

→ *Tes sculptures = elles*

• **Pour conjuguer un verbe à toutes les personnes,
on utilise les pronoms de conjugaison :**

*je rêve, tu rêves, il rêve, elle rêve, on rêve
nous rêvons, vous rêvez, ils rêvent, elles rêvent.*

---

1 - **Coche les cases.**

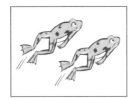  

☐ elle saute   ☐ il roule   ☐ elle se fane   ☐ il arrive
☐ elles sautent   ☐ ils roulent   ☐ elles se fanent   ☐ ils arrivent

---

2 - **Remplace le groupe souligné par un pronom.**

<u>Ma trousse</u> est en cuir.   ▶ **Elle** est en cuir.

<u>Ce nouveau blouson</u> te va bien.   ▶ ....

<u>Les carottes</u> sont cuites.   ▶ ....

<u>Coline</u> fait du judo.   ▶ ....

<u>Charles et papa</u> jouent aux échecs. ▶ ....

3 - Relie et trouve un exemple.

féminin/singulier •   • il → ....

masculin/singulier •   • ils → ....

féminin/pluriel •   • elle → **la patineuse**

masculin/pluriel •   • elles → ....

3

4 - Trouve un pronom pour compléter chaque phrase.

- La Belle au bois dormant sommeille : .... se réveillera dans cent ans.
- C'est ton dessin : .... l'as parfaitement réussi !
- Regardez ces hirondelles, ... annoncent le printemps.
- Sois tranquille, ... veille sur toi.
- Vincent et Aurore, ... vous placerez ici.
- Comme .... sont mignons ces petits chatons !

6

5 - Relie.

je •	• signent	vous •	• blagues	ils •	• choisissez
nous •	• signes	tu •	• blaguons	nous •	• choisissons
tu •	• signe	elle •	• blague	elle •	• choisissent
elles •	• signons	nous •	• blaguez	vous •	• choisit

12

6 - Trouve un pronom.

.... dansons   .... vient   .... dessines   .... lavez

.... danse   .... venez   .... dessinent   .... lave

.... dansez   .... viennent   .... dessinons   .... laves

12

7 - Complète les phrases avec : vais – va – allons – vont.

- Je .... chez le coiffeur pour me faire couper mes cheveux.
- Ces nouvelles baskets me .... très bien.
- Elle .... où son cœur la mène.
- Nous .... régulièrement au cinéma.

4

Le présent

On utilise le **présent** pour raconter ce qui se passe en ce moment :

- Au présent, *chanter, danser, parler, jouer*... et tous les verbes qui ont leur infinitif en **–er** (sauf aller) se conjuguent comme le verbe *aimer*.

- Au présent, *choisir, finir, bondir*... et certains verbes qui ont leur infinitif en **–ir** se conjuguent comme le verbe *rougir*.

verbe aimer
j'aime
tu aimes
il / elle aime
nous aimons
vous aimez
ils / elles aiment

verbe rougir
je rougis
tu rougis
il / elle rougit
nous rougissons
vous rougissez
ils / elles rougissent

1 - Entoure les verbes conjugués au présent.

- Ils se disputent parfois.
- La nuit, les chats miaulaient.
- Nous filmons le spectacle.
- Demain, vous téléphonerez.

- Nous bronzons au soleil.
- Vous avertissez les pompiers.
- L'image s'affiche sur l'écran.
- Yann se déguise en pirate.

$\frac{}{8}$

2 - Barre la forme qui ne convient pas.

- Elle **signe – signent** le contrat.
- Nous **finissons – finissont** nos devoirs.
- Vous **interdisez – interdisent** l'accès.
- Léo et Camille **aime – aiment** ce film.

- Tu **arroses – arrose** les plantations.
- Julie **partage – partagent** les friandises.
- Je **jardines – jardine** avec mon père.
- **Nourris – Nourrit**-tu les oiseaux ?

$\frac{}{8}$

3 - Relie.

Le chien •   • cherches son numéro de téléphone.

Tu •   • réussissent le test.

Je •   • aboie sans arrêt.

Vous •   • salissez la moquette.

Les enfants •   • m'entraîne à la course le week-end.

Nous •   • atterrissons dans de bonnes conditions.

4 - Complète par un groupe de mots ou un pronom.

• .... se bousculent en entrant dans le stade.

• .... choisit le lieu de la rencontre.

• .... mangez toujours avant le match.

• .... jouons à dix heures.

• .... écoutes les conseils de l'entraîneur.

5 - Conjugue le verbe entre parenthèses au présent.

La grosse horloge **sonne** quatre heures. *(sonner)*

• Les fleurs .... le jardin. *(embellir)*

• Je .... le soleil couchant. *(regarder)*

• Vous .... les bouteilles. *(remplir)*

• ....-tu la ville ? *(visiter)*

• Les bulldozers .... la maison. *(démolir)*

6 - Complète.

j'écoute	▶ nous écout**ons**	elles bondissent	▶ elle ....
il colle	▶ ils	je choisis	▶ nous ....
tu finis	▶ vous	vous oubliez	▶ tu ....
nous montons	▶ je	je voyage	▶ ils ....

Le passé composé

Le **passé composé** est un temps du passé.
- Il indique qu'une action est terminée.

J'ai ouvert la porte et je suis sorti(e).

- Il est formé de deux mots :
  le verbe **avoir** ou **être** et le **participe passé** du verbe conjugué.

verbe ouvrir avec avoir	verbe sortir avec être
j'ai ouvert	je suis sorti(e)
tu as ouvert	tu es sorti(e)
il / elle a ouvert	il est sorti / elle est sortie
nous avons ouvert	nous sommes sorti(e)s
vous avez ouvert	vous êtes sorti(e)s
ils / elles ont ouvert	ils sont sortis / elles sont sorties

- Avec **avoir**, on n'accorde jamais le participe passé avec le sujet.
- Avec **être**, on accorde le participe passé en genre et en nombre avec le sujet.

---

1 - Coche si le verbe est conjugué au passé composé.

☐ Les maçons ont fait du ciment.   ☐ Tu as commandé une console de jeux.

☐ Je te donnerai mon livre.   ☐ Vous prenez l'avion.

☐ Il a freiné brusquement.   ☐ Il est arrivé en retard.

$\frac{}{6}$

---

2 - Écris au passé composé avec le verbe avoir.

parler ▶ **j'ai parlé**   finir ▶ ....

chercher ▶ ....   blanchir ▶ ....

sauter ▶ ....   ralentir ▶ ....

compter ▶ ....   mentir ▶ ....

$\frac{}{7}$

3 - Relie.

Il •   • as gardé ces timbres pour sa collection.

J' •   • ont capturé les bandits.

Tu •   • ai apporté une surprise.

Vous •   • avons dîné au restaurant.

Elles •   • a trahi son secret.

Nous •   • avez fait vos achats de Noël.

/6

4 - Conjugue les verbes entre parenthèses au passé composé.

(jouer) ▶ Nous .... ensemble au basket-ball.

(préparer) ▶ J' .... de temps en temps le repas.

(hésiter) ▶ Vous .... longtemps avant de vous décider.

(réunir) ▶ Tu .... tous tes amis pour tes huit ans.

/4

5 - Récris au passé composé.

Le vendeur ferme la boutique. ▶ Le vendeur **a fermé** la boutique.

Je choisis une pizza. ▶ ....

Vous achetez des tickets. ▶ ....

Tu ramasses des coquillages. ▶ ....

Les grêlons cassent les vitres. ▶ ....

/4

6 - Complète avec l'auxiliaire être pour former le passé composé.

• Vous .... venus me chercher.   • Les touristes .... arrivés.

• Je .... entré dans le potager.   • Nous .... descendus à la cave.

• Tu .... tombé de fatigue.   • Il .... sorti de l'œuf.

/6

7 - Complète avec l'auxiliaire avoir ou l'auxiliaire être.

• Maman .... rentré le linge.   • J'............ sorti la voiture du garage.

   Tu .... rentré tard.   La voiture .... sortie du garage.

• Ils .... descendus du bus.   • Elle .... passée devant moi.

   Nous .... descendu les poubelles.   Les coureurs .... passé le test.

/8

Le futur

On utilise le **futur** pour raconter une action qui ne s'est pas encore déroulée.

Pour conjuguer la plupart des verbes au futur, on ajoute à l'infinitif du verbe, les terminaisons suivantes :

verbe voyager
je voyagerai
tu voyageras
il / elle voyagera
nous voyagerons
vous voyagerez
ils / elles voyageront

1 - Indique pour chaque phrase si elle est au présent P ou au futur F.

$\frac{}{8}$

☐ Nous bavarderons avec les étrangers.

☐ Vous ne marcherez pas sur la pelouse.

☐ Demain, je finirai mon puzzle.

☐ Pourquoi ne choisit-il pas ce livre ?

☐ Ils se cachent dans une grotte.

☐ Je n'aime pas les roses.

☐ Ils visiteront le musée Picasso.

☐ Le téléphone sonne sans arrêt.

2 - Relie.

$\frac{}{6}$

Je •   • préparerez vos affaires.

Nous •   • distribueront les cartes.

Il •   • marcherons lentement.

Elles •   • enfournera le pain.

Tu •   • démolirai cet ancien hangar.

Vous •   • réuniras tous les documents.

3 - Complète les phrases avec les verbes proposés.

conduiras – dormirez – déguiserai – brilleront – sentirons

- Vous .... dans un sac de couchage.
- À l'anniversaire de ma sœur, je me ....
- Les guirlandes .... de mille feux.
- Tu me .... à l'école en voiture.
- Nous .... la bonne odeur.

5

4 - Ajoute les terminaisons du futur.

il s'endormir.....   je croiser.....   ils passer.....   vous servir.....   tu saluer.....

nous donner.....   elle étudier.....   tu te reposer.....   je ranger.....   vous oser.....

je finir.....   tu chanter......   vous sortir.....   ils saluer.....   nous servir.....

15

5 - Réécris au futur.

Je trace une ligne.   ▶ Je **tracerai** une ligne.

Je discute avec mes voisins.   ▶ Je ....

Tu soulèves les cartons.   ▶ Tu ....

Nous partageons cette somme.   ▶ Nous ....

Vous guérissez rapidement.   ▶ Vous ....

Ils parlent l'anglais.   ▶ Ils ....

Elle bondit de joie.   ▶ Elle ....

6

6 - Conjugue au futur avec le verbe entre parenthèses.

(savourer)   ▶ Vous .... cette bonne tarte aux fraises.

(lancer)   ▶ Ils .... des fléchettes sur la cible.

(se nourrir)   ▶ Il .... de fruits.

(s'évanouir)   ▶ Tu .... devant cette horrible créature.

(finir)   ▶ Pourquoi ne ....-ils pas leur dessert ?

(ramasser)   ▶ Après la pluie, nous .... les escargots.

(chanter)   ▶ Nous .... pour la Fête de la musique.

7

Tableau de conjugaison

	présent	passé composé	futur
aimer	j'aime tu aimes il, elle aime nous aimons vous aimez ils, elles aiment	j'ai aimé tu as aimé il, elle a aimé nous avons aimé vous avez aimé ils, elles ont aimé	j'aimerai tu aimeras il, elle aimera nous aimerons vous aimerez ils, elles aimeront
finir	je finis tu finis il, elle finit nous finissons vous finissez ils, elles finissent	j'ai fini tu as fini il, elle a fini nous avons fini vous avez fini ils, elles ont fini	je finirai tu finiras il, elle finira nous finirons vous finirez ils, elles finiront
aller	je vais tu vas il, elle va nous allons vous allez ils, elles vont	je suis allé(e) tu es allé(e) il (elle) est allé(e) nous sommes allé(e)s vous êtes allé(e)s ils (elles) sont allé(e)s	j'irai tu iras il, elle ira nous irons vous irez ils, elles iront
être	je suis tu es il, elle est nous sommes vous êtes ils, elles sont	j'ai été tu as été il, elle a été nous avons été vous avez été ils, elles ont été	je serai tu seras il, elle sera nous serons vous serez ils, elles seront
avoir	j'ai tu as il, elle a nous avons vous avez ils, elles ont	j'ai eu tu as eu il, elle a eu nous avons eu vous avez eu ils, elles ont eu	j'aurai tu auras il, elle aura nous aurons vous aurez ils, elles auront

Conception : L'ovale design
Mise en page : Atelier JMH / Éric Schiller
Illustration : Daniel Blancou
Couverture : Pouty Design
Chouette : Guillaume Trannoy